Asimina Paradissa
Jenseits der Grenzen

Asimina Paradissa

Jenseits der Grenzen

Rediroma-Verlag

Bibliografische Information der Deutschen Nationalbibliothek:
Die Deutsche Nationalbibliothek verzeichnet diese Publikation in der Deutschen Nationalbibliografie; detaillierte bibliografische Daten sind im Internet über http://portal.dnb.de abrufbar.

ISBN 978-3-98885-311-0

Umschlagillustration: icemanphotos (shutterstock.com)

www.rediroma-verlag.de
9,95 Euro (D)

INHALT

Zweite Heimat

Die ersten jungen Jahre
als Ausländerin
bei den Olympia-Werken
Als Arbeiterin

Schreibmaschinen fertigen
war mein erster Job,
nicht schlecht, aber interessant
arbeitete im Akkord.

Die Vorgesetzten waren nett,
sie grüßten uns per Hand,
sie sagten immer, „moin moin“,
obwohl ich nicht verstand!

Zu Fuß gingen wir den Weg
Tag ein, Tag aus hin
mein erster Einkauf
war ein Regenschirm.

Zweiundsechzig Monate
war ich hier insgesamt
unvergessliche Zeiten
im fernen Deutschland.

Ich kam aus dem Norden Griechenlands
landete ich auch im Norden
nach Middelsfähr kam ich zuerst
in dieses hübsche Dorf

Wir waren damals alle jung
voller Träume und Lust,
Geld zu verdienen, vieles sehen
und schnell wieder zurück.

So ist die Zeit gerannt
bin auch viel gereist
ich habe fast die Welt gesehen
nur bin aber nicht reich!

Nach zweiundsechzig Monaten
habe ich Olympia verlassen
schweren Herzens bin ich weg
weil ich war entlassen

So landete ich in Wuppertal,
wo heute ich noch lebe
der erste Anfang, wieder fremd,
aber hier gab es mehr Geld.

Das Leben ist so schnell vorbei,
und ich bin immer noch hier,
in meiner zweiten Heimat
man nennt sie Germania …

Aufhören mit dem Krieg

Hört auf, mein Gott, hört auf mit dem Krieg.
Wie viel Blut soll noch vergossen werden auf der Erde,
wie viele Tote soll es noch geben, wie viel Leid und verwaiste Kinder soll es in der Welt geben?
Wo bleibt denn der Verstand?
Hört endlich auf!

Aktuell

Oh großer Gott, warum lässt du alles geschehen,
blende ihn und lass ihn dort nicht gehen,
was schulden uns die Kinder und die Armen der Welt?
Und die „Großen“ wollen kämpfen nur um mehr Geld!
Willst du uns alle denn bald vernichten
und lässt du es von einem Verrückten anrichten?
Gibt es in Europa nicht ein Haupt,
das ein bisschen Vernunft hat und überhaupt,
wer gab ihm das Recht, die Welt zu regieren,
und warum müssen wir alle auf Befehl reagieren?
Wie wäre es, wenn das Unheil wohl hier passierte,
hätten wir nur geguckt und nicht reagiert?
Hätten wir alles gesehen ohne eine Aktion,
auf das Ende gewartet, ohne jede Reaktion?

Andere sollen die Waffen sofort vernichten,
er behält sich das Recht vor, die Welt zu vernichten.
Nur das Öl zählt für ihn, Menschen sind für ihn wertlos.
Wie kann er ruhig schlafen, so gewissenlos!
Wacht auf, Leute, werdet laut, der Krieg gehört verboten,
wir nennen uns Christen, wer gehorcht den Geboten?

Ausländer

Deutschland brauchte Arbeitskräfte,
darum holte man sie ins Land.
Mit Lust und Fleiß arbeiteten sie
gemeinsam Hand in Hand.

Nur ist sie vorbei, die Blütezeit,
jetzt kommt die Arbeitslosigkeit.
Was machen wir mit all den Menschen,
die uns bis jetzt geholfen haben?
Sollen sie fort, sollen sie bleiben?
Wir können sie einfach nicht vertreiben.

Wir müssen eine Lösung finden,
die gerecht und menschlich ist,
denn der Fremde, der hier lebt,
Mensch ist, so wie du es bist.

Daphnes Seebestattung

Weit von dem Hafen, tief im Meer
ist die Asche meiner Tante seit gestern her.

Sie wollte ihre Ruhe im Meer finden
im Rausch der Wellen ihren Mann zu finden!!!

Endgültig Abschied von ihr genommen
ein paar Freunde nur dort gewesen
es gibt kein Grab, nichts mehr da
ein Leben ist zuende, wie furchtbar!

Nichts ist geblieben, gar keine Spur,
alles ist aus, die Erinnerung nur,
und wenn ich die Bilder von ihr sortiere,
bleib mir keine Wahl, als das zu akzeptieren.

Die Reise

Das Leben ist eine Reise, meistens unbekannt
geht fort, normalerweise
weiß man nicht, wo kommt man an?

Leicht ist nicht der lange Weg tief, hoch, geradeaus
Freude findet auch Pech,
Glück wünscht man überaus.

Wer viel erlebt hat, lang gelebt, stirbt jung,
ist alles aus, so spart man Ärger, Leid und Schmerz
gibt früh das Kämpfen auf.

Schön ist eine lange Reise durch Freude und Glück
mit vielen Überraschungen
zufrieden bis zum Schluss.

Dann kommt das Ende freudig
mit sich schließt man auch Frieden,
weil die Welt es beschert hat
mit Liebe, Glück und Frieden.

Die Einsamkeit des Dichters

Steige nicht zu hoch im Leben,
wenn du die Einsamkeit fürchtest,
denn je höher du steigst,
desto einsamer wirst du sein.

Jedoch Tatsache ist es,
dort wirst du dich frei fühlen
und so, wie der Leuchtturm strahlt,
wirst du von allen gesehen.

Fremde

Wer in der Fremde nicht lebte,
kennt nicht, was Kummer heißt.
Ohne Eltern, Geschwister und Verwandte
fühlst du dich als Waise von allen verlassen.

Wenn Feiertage kommen und du bist allein,
unerträglich sind Kummer und Leid.

Frühling

Im Frühling blüht es überall
es geht endlich jedes Grau,
die Sonne scheint und sie strahlt,
der Himmel wird hellblau.

Es atmet endlich die Natur,
der Winter verabschiedet sich.
Urlaub steht wieder vor der Tür,
man kann endlich Pläne schmieden.
Im Frühling freut sich jedes Herz,
die Trauer geht vorüber
und lindert leichter jeden Schmerz,
und lässt er keine Spur.

Die Vögel zwitschern morgens früh,
sie freuen sich jeden Morgen,
zwischen den Lindenbaumzweigen sie freuen sich
und singen.
Ach, ist es ein Traum …

Frühling in Tirol

Toskana ist ein Begriff
von unendlicher Schönheit,
Felder, Olivenhaine, Blumen und Freiheit.
Nach strengem Winter sind erwacht die Bäume,
die Blumen.
Es grünt und blüht es überall
und riecht nach schönen Blumen.
Zartrosa Kirschbäume und Apfelbaumblüte
zartgrün scheint der Weinberg in den Tiroler Gärten.

Rechts-links auch ein wenig Schnee
bildet er schöne Bilder,
darum ist der Frühling auch für mich
viel besser als der Winter.

Friedensstifter

Wir werden den Terror gegen Terror unterdrücken, wir werden alles ebnen, um des Friedens Willen, und danach, nachdem nicht mal ein Blatt keimt und unser Planet langsam ausstirbt,
mit der verseuchten Atmosphäre,
werden wir unsere blutverschmierten Hände
mit Genugtuung reiben,
weil wir die ganze Welt unterdrückt haben,
und als „Christen“
werden wir die „göttliche Gerechtigkeit“ erwarten, nachdem wir unsere „Pflicht“ getan haben,
für das „Gute“ der ganzen Welt.
Wir haben sie endlich von den „Terroristen“ befreit…
Gibt es größere Schizophrenie
und eine bessere Erklärung des Wortes
„Imperialismus?“
Was ist der „Paralogismus?“

Gedanken

Der Weg des Lebens ist so lang
man will ja lange leben
gesund bleiben, um zu arbeiten, aber keiner will alt werden
erreicht endlich man ach die Rente,
dann denkt man mit Angst, es ist zu Ende.

Vielleicht bleibt man gesund, um das Leben zu genießen,
Hobbys schaffen, auch reisen, leben auf andere Weisen,
sie haben gearbeitet ja hart
und als Rentner ist man doch nicht so alt.

Oh je, wenn man nur krank wird und braucht man dann
Hilfe, dann ist zu Seite keiner da
denn alle haben keine Zeit.
Bei einer solchen Situation
ist bei allen die erste Reaktion
Altersheim ist die letzte Station.
Kümmerlich leben alle dort
sie sind allein gelassen,
Geld und Haben helfen nicht viel
von Kindern auch verlassen.
Keiner denkt an sie,
wo bleibt die Menschlichkeit
begleitet sie nur die Bitterkeit …

Gedicht

Tomaten, Ingwer, Salz gemischt,
bringt auf den Teller ein Gedicht,
es ist und schmeckt so köstlich!
Hervorragend schmeckt der andere Topf,
Suppe aus Kürbis, knackiges
Brot, das macht uns alle fröhlich.

So ein Gedicht, das nicht nur schmeckt,
man trifft es doch nicht jeden Tag,
bei Essen doch Gedanken weckt
beim Vorlesen ist es vollbracht.

Griechenland

Das Land des Geistes, deswegen von allen bekämpft.
Auch wenn alle es nicht akzeptieren können,
du bist das Licht der Welt.
Von dir kommt alles: Kunst, Kultur, Geist.
Die „Großen" dieser Welt haben in letzter Zeit
dich auf die Knie gezwungen.
Sie haben deine Ideale,
Vaterland, Religion, Familie, extrem verletzt.
Aber,
trotz allem,
wirst du nicht sterben.
Ohne dich, liebes Griechenland,
kann keine Welt existieren!

Heimweh

Mag sein, dass ich hier bin und lange hier lebe,
lang habe ich gearbeitet, trotz aller schweren Wege.

Oft habe ich jedoch Heimweh
für mein fernes Land,
des Universums Leuchter,
das schöne Griechenland.

Herbst

Vergolden sich die abgekühlten Tropfen
nach dem ersten Regen,
auf den Bäumen; die Wiesen und die Wolken
jagen sich auf das himmlische Firmament.
Und die Sonne, der König der Sternbilder,
färbt die Wolken bei ihrem Untergang:
braun, gelb, gold, rosa,
neigt sich und geht unter,
um Zeit zu geben, dem Abendstern,
und die tausenden Goldsterne leuchten.
Und sie vergolden sich,
indem die Milchstraße
wälzt träge sich in dem unendlichen Weltall.

Hass bringt nichts

Auge um Auge bringt doch nichts,
Unheil nur und Vernichtung,
am besten, wir bewegen uns
ändern wir die Richtung.

Vergebung und die Liebe zählt,
nur so fällt doch die Mauer,
schaffen wir eine heile Welt
ohne Leid und Trauer.

Kommt, ihr Leute, packen wir es an,
hoch streifen wir die Ärmel
bestimmt folgen uns die anderen
denn die Vorbilder fehlen.

Jubiläum

25 Jahren sind schon vergangen
als die Erscheinung des Blattes angefangen
Nachrichten, Geschichten, Gedichte im Platt
alles fand Platz immer im Sonntags-Blatt.

Dafür gratuliere ich, von Herzen wünsche
fünfzig lange Jahren uns zu begleiten
ruck-zuck wird das Jubiläum noch erreicht
ob dieses Fest erleben wir auch vielleicht?

Komet

Du bist gekommen wie ein Komet,
damals in mein Leben
und ungewollt hast du berührt
meine einsame Seele.

Kometen kommen nur einmal vorbei im Firmament,
sie gehen und verlieren sich und kommen wohl nie wieder.

Morgen

Morgen, sagtest du, aber
der Morgen ist nicht gekommen, weil er nicht unserer ist.
Was ist rausgekommen?

Ich habe keine Zeit, sagtest du
Später … aber wenn es kein später gäbe,
wohin gehen wir?

Wie viele verlorene „Heute“ mit der Hoffnung des Morgens, der vielleicht nie kommen wird!

Meine zweite Heimat

Oh, meine zweite Heimat, grünes Bergisches Land,
mit deinen sanften Hügeln
ähnelst du meinem Vaterland.

Es grünt so wild hier und dort
die Vögel zwitschern immer fort
und wenn der erste Schnee fällt,
dann gibt es Chaos in der Welt!

Und noch einen kleinen Unterschied,
hier ist es meist trüb und grau,
der Himmel,
während er in Griechenland
ist fast immer nur blau!

Macht's wie Gott

Macht's wie Gott, werde Mensch,
was für eine Forderung,
es ist nicht schwer, nur ein bisschen Willen,
dann kommt die Eroberung!

Mensch sein und Mensch bleiben
ist eine Art der Vernichtung, in unserer Zeit
oh, lieber Gott öffne unseren Augen
den Weg zu finden zu der Wahrheit.

Parallelismus

Wir leben in der Epoche der widersinnigen,
wir prahlen für unsere Kultur,
wir erforschen den Planeten,
wir sind auf dem Mond gelandet,
jedoch Menschen sind wir nicht geblieben.

Auch wenn einige versuchen, menschlich zu bleiben, betrachten wir sie als am Rande lebende und widersinnige.

Wir wollen Frieden und zetteln Krieg an,
denn irgendein „Paranoiker“ verlangte,
Weltführer zu werden.
Wo bleibt noch Platz in diesem Smog
für den Frieden?

Wir nennen uns Friedenstifter,
aber wir bombardieren mitleidslos
und die einzigen,
die dafür kämpfen,
um ihre Rechte zu verteidigen,
nennen wir „Terroristen.“
Was für ein schöner Vergleich!

Poeten

Die Poeten beschäftigen sich mit den Problemen der Welt
die Politiker dagegen nur mit den Kriegen und dem Geld.

Sie geben Geld aus ohne Gedanken
sie leben wie Krösus,
hingegen die Armen zählen ihr Geld zweimal in der Tasche,
bis Mitte des Monats leer ist die Kasse.

Politiker zahlen, um Kriege zu führen
ihre Leute hungern, zahlen hohe Gebühren statt Liebe und Frieden,
Hass produzieren wir und lassen uns, oh Gott, von Dummen regieren.
Die Poeten schreiben nicht, um Geld zu verdienen
Die Politiker reden, um die Wahl zu gewinnen.

Traurig

Bis auf unser „Bildnis“ zerstören wir,
oh Gott, als Asche,
statt Erde geben wir uns zurück in die Erde. Makaber!
Schnell soll es geschehen
„Undankbar“ finde ich es,
dass eine Handvoll Asche, in der Urne liegt.
Noch schlimmer, wenn ein Mensch anonym, irgendwo
in einer Ecke beerdigt und in die Erde kommt. Einsam.
Verlassen.
Familie? Angehörige? Fehl am Platz.
Niemand da!

Traurige Gedanken

Die Tage vergehen traurig, unendlich, schwarz, betrübt
Ich zähle sie wie ein Rosenkranz eins plus eins, wie Glasperlen.

Vergebens, ich erwarte dich, vielleicht kommst du wieder.
Das glaube ich jedoch auch nicht, darum leide ich innerlich.

Umwelt

Man fragt sich öfters, was man gegen die Zerstörung der Natur machen kann. Überall auf der Welt passieren täglich Zerstörungen, Schiffbrüche mit Ölverlust, die die Meere mit Öl verschmutzen. Feuer, die unzählige Wälder zerstören. Und die, die es verursachen, bleiben, unbestraft. Es muss jeder die Verantwortung tragen und nicht nur von den anderen erwarten, dass sie es tun.

Wo bleibt die Vernunft? Politiker und die Reichen der Welt, die die Welt regieren oder, besser gesagt, die Welt regieren wollen, sind die schlimmsten Vorbilder, mit ihren Bomben, Versuchungen oder die Drohungen, die jedes Mal die ganze Welt zittern lassen. Gott hat uns die Natur geschenkt. Und wir sollten sie wie unseren Augapfel hüten.

Der Wohlstand hat leider den Menschen den Verstand geraubt und sie so beeinflusst, dass sie nur auf ihre Kraft und Macht angewiesen sind und Gott zur Seite geschoben haben. Sie sind nur auf Materialismus fixiert, ohne die göttliche Schöpfung zu beachten.

Jetzt sehen wir alle unsere Fehler, aber wir sind leider noch nicht bereit, etwas zu ändern. Obwohl alle wissen, dass es nicht so weitergeht.

Es steht auch in der Bibel: Wir sollen uns im Ernst fragen, was wir als Menschen, jeder Einzelne, für die Natur tun. Nicht nur für die Natur, sondern auch für die Menschheit. Denn wenn man Gott achtet, kann man sich auch selbst achten und auch seine Mitmenschen schützen.

Der Glaube versetzt Berge, aber der aufrichtige, lebendige Glaube und nicht der scheinbare.

Unentschlossenheit

Wer einfach unentschlossen steht
und denkt, was soll es man bloß machen
vorwärts, gerade aus gehen,
rechts, links, oder um die Ecke stehen?
Wer fest an der gleichen Stelle steht,
dem wird ihn nichts passieren.
Auch wenn es Schwierigkeiten gibt, die Nerven nicht verlieren.

Sei stark und glaube an Gott, so wirst bewegen Steine
das Leben ist Geschenk von Gott und gibt leider nur eine.
Wenn Mensch du etwas werden willst, soll man etwas riskieren,
sonst steht man sich so einfach und wird es nichts passieren.

Das Leben geht so schnell vorbei und kommt leider nicht wieder,
lebe es aus, bevor es zu spät ist, denn jung bleibt man nicht immer.

Unerträgliche Lage

Man fragt sich heute, gibt es Logik? Vernunft? Sind die Reflexe von allem zerstört?
Oder von dem Luxus und dem Wohlstand verregnet?
Die Bilder sind nebenan in unserer Seele,
vor unseren Augen,
bei der benachbarten Tür, in der nächste Gasse
oder
vor dem Abfalleimer.
Wo ist unsere Menschlichkeit, unsere Bildung,
das ewige griechische
Ehrgefühl?
Man nennt uns Rassisten, obwohl unser Land
voll ist von verborgenen Auswanderern,
in dem es auch jede Menge Volksküchen gibt für die Armen, die Bedürftigen und die Hungrigen!
Nicht mal eine Spur von Stolz ist geblieben?
Wo wird es noch hingehen? Wann werden wir erwachen?
Uns erwürgt der Ärger für all das, aber
wir sind so wenige, die wirklich beunruhigt sind.

Verliert das Lachen nicht

Das alte Jahr geht bald vorbei,
das neue rückt herüber
und wer heute eine Arbeit hat,
sicher freut er sich darüber.

Bei so einer Arbeitslosigkeit
rasant wächst auch die Armut
und schlägt so oft in Ratlosigkeit,
wie wird es morgen ausschauen!
Verliert das Lachen bitte nicht,
auch nicht einmal das Lächeln,
denn Lächeln hilft fast überall
und trocknet schnell die Tränen.

Die Liebe ist das höchste Gebot,
liebet alle einander
und wenn es Schwierigkeiten gibt,
teilt sie mit den andern.

Sollen wir hoffen, dass das Jahr,
das Neue, besser wird,
nur Freude und keine Trauer
für uns alle mit sich bringt.

Wuppertal

Jetzt, wo ich beabsichtige, nach Griechenland zurückzukehren,
schenke ich dir, liebes Wuppertal, ein Gedichtlein zu Ehren.

Ich fühlte mich wohl so lange hier
in meinen zwei Zimmern,
der Plan war jedoch insgeheim
nach Hause zu gehen für immer.
Denn ich hatte hier Arbeit, habe viele Menschen getroffen
meine schönsten Jahre hier verbracht,
denn ich war für alles offen.

Deine so vielen Schönheiten, der Zoo und die Schwebebahn,
haben mich immer fasziniert,
der Bahnhof und auch die Bahn,

die Wupper, die durch Wälder fließt,
der viele Schnee und Regen,
historische Gebäude und Geschichte zu bewegen.
Aber Heimat bleibt Heimat,
auch wenn es hier sehr schön ist,
meine Wurzeln sind jedoch dort, wo Sonne, Wasser und Licht sind.

Es wird mir anfangs schwer fallen, mich dort wieder einzuleben,
doch der Mensch ist ein Gewohnheitstier,
also wirds schon ‘ne Lösung geben.

Und wenn mich das Heimweh plagt,
bleibt es mir, schnell zu buchen
oder das Auto nehmen,
wenn ich kann, euch alle zu besuchen.

Weißt du

Du bist ja, liebes Wuppertal, ehrlich ein Gemälde
mit deiner schöner Schwebebahn auf der Welt berühmt,

und mit dem größten Zoo, schön malerisch grün die Berge,
der kleine Tuffi weltbekannt durch seinen Wassersprung.

Schmuck sind deine Gebäude Kirchen, Museen, der Fluss
oh je, wenn es kein Auto gäbe und ich gehen muss zu Fuß.

Berg auf, Berg ab und wiederum
Von Elberfeld bis Barmen,
laut Sagen leben die Reichen in Ronsdorf,
dort die Armen.

Wenn man von der Universität hinaus guckt aufs Tal,
besonders in dem bunten Herbst, wie schön ist Wuppertal.

Weihnachten

Weihnachten wird bald wieder kommen und alle werden
wir in die Kirchen gehen, um mit Freude das „Ossanna“ zu
singen
Oh, Christuskind, was wirst du uns denn bringen?

Aber wie viele von uns werden daran denken,
dass viele auf unserer Erde armselig leben?
Wird also diesmal jedes Herz bereit sein,
etwas den Armen aus dem Überschuss zu geben?

Wahnsinnskrieg

Oh Gott, wieso lässt du es geschehen,
dass die Leute haben's nicht gesehen,
was der Wahnsinnskrieg damals hat gemacht
Heute ist es nur noch Geld-Macht.

Leute werden leider nicht verstehen,
warum kann alles nur geschehen,
wenn ein Verrückter an die Macht kommt
und glaubt, er sei geschickt von Gott.

Du trauriger, armer Mensch,
Du duldest leider keine Freiheit,
so wirst du selber bestraft,
indem du dich jagst, bis du etwas schaffst.

Zivilisierte Menschen

Wir sind angeblich zivilisierte Menschen,
außerdem noch Christen,
und sollen wir die alle lieben,
dennoch, wenn es um Vorteile geht,
ähneln wir den wilden Tieren.
Oh Europa und Eurozone,
du fürchtest dich vor den kleinen Griechen?
Denke dir nur:
Wenn es Griechenland in dieser Welt nicht gäbe,
würdest du sicher noch in Höhlen leben.

Zu spät

Traurig, wo bleibt wohl die Menschlichkeit?
Die Menschen sterben in Einsamkeit
sie bleiben meistens allein gelassen
von Freunden, Verwandten und Kindern verlassen.

Man arbeitet hart, um etwas zu schaffen,
sich selbst helfen und den Kindern,
kommt endlich zum Hafen,
die Kinder werden groß, verlassen das Haus,
zurück bleibt der Kummer, man steht vor dem Aus.

Und fragst du dich, warum ist das Leben so hart,
wozu hast du dich geopfert, was ist das für eine Art?
Wo bleibt die Liebe, wo ist der Respekt?
Bis du es endlich merkst, ist es leider zu spät.

Jenseits der Grenzen

Ich war fast zehn Jahre alt, als zum ersten Mal jemand von unserer Familie den Entschluss gefasst hatte, fortzugehen. Die zwei Geschwister meines Vaters, ein Bruder und eine Schwester, die Jüngsten. Sie wollten fortgehen in ein sehr entferntes Land mit der Hoffnung, ein besseres Leben zu finden, einen weißen Tag zu sehen, wie ein Lied der Fremde sagt. Tagelang bereiteten sie sich vor, sammelten ihr Hab und Gut. Ich war noch ein Kind und es war mir unmöglich, die Bitterkeit und das Leid dieser Trennung zu verstehen. Diejenige, die sie am meistens gefühlt hatte, war die Mutter, meine geliebte Oma, die ihre Liebsten, die Jüngsten von allen ihren Kindern, verlieren würde.

Sie wollten nur für zwei Jahre fortgehen, reisen. Jedoch war es eine Reise ohne Rückkehr.

Der Tag der Trennung war gekommen. Freunde und Verwandte versammelten sich zu Hause bei meinem Onkel, um ein letzte Glas Wein zusammen zu trinken und von den jungen Paar mit dem zweijährigen Kind Abschied zu nehmen. Meine Tante, die Schwester meines Vaters, wohnte in einem benachbarten Dorf und von dort aus wollten sie mit ihrer Familie verreisen. Mein Onkel war gebückt, nervös, mit eingezeichnetem Leid im Gesicht und feuchten Augen. Seine Frau, auch wenn all das ihr weh tat, zeigte es nicht. Wer weiß, mit ihren zwanzig Jahren, mit welchen Träumen sie von der Heimat abreiste.

Wir begleiteten den Umzug mit den Pferden bis zum Rand des Dorfes, weil es damals in unserem Ort kein Auto gab. Mein Onkel bückte sich. „Adieu, mein Goldstück“, sagte er mir weinend und küsste mich.

„Küsst den Giorgo, weil ihr ihn nie wieder sehen werdet“, sagte meine Tante. Sie ahnte nicht, dass ihre Worte wie eine Prophezeiung wirken würden. Der kleine Giorgo, dem ich vor einem Jahr das Laufen beigebracht hatte, lächelte sorglos. Er ahnte ja nicht, was das alles bedeutete.

Die Jahre vergingen. Die Oma verwelkte vor Kummer. Die Briefe kamen am Anfang häufig, später spärlich. Die Neuigkeiten für das neue Leben dort im fremden Land, das so weit weg lag, waren interessant. Die Bilder, die sie uns schickten, zeigten ein viel besseres Leben als unseres. Nichts jedoch sagte mir damals in meinem Inneren, dass ich eines Tages den gleichen Weg nehmen würde, jedoch in eine andere Richtung.

Irgendwann, als ich mit meinem Onkel korrespondierte, bat ich ihn, mich nach Australien zu holen. Seine Antwort war sehr hart.

„Nein“, schrieb er. „Bleib bei deinen Eltern …“ Ich konnte seine Verneinung nicht begreifen. Ich wusste, dass er mich über alles liebte. Was ihn wohl dazu gebracht hatte, so einen harten Brief zu schreiben und ihn mir ohne jede Erklärung zu geben …?

Ich hatte seine Ablehnung fast vergessen, als nach einiger Zeit ein anderer Brief kam, diesen Mal an meinen Vater adressiert. Eine Antwort auf seinen Brief von einem alten Militärfreund. Mein Vater hatte ihn wahrscheinlich gebeten, ihm behilflich zu sein, um eine Arbeit in der nächsten großen Stadt Thessaloniki zu finden. Seine Antwort war auch eine Verneinung, aber in einem anderen Ton.

„Der Zug ist für dich abgefahren. Lass jedoch deine Kinder fortgehen, auch noch jenseits der Grenzen.“

Dieser Satz prägte sich in meinem Kopf ein. Weit weg außerhalb der Grenzen, aber wohin?

Die Auswanderung hatte in Massen in den Sechziger-Jahren begonnen. Manche Leute aus unserem Dorf, die ausgewandert waren, kamen im Urlaub sehr verändert zurück. Sie erzählten uns, dass im Land, wo sie arbeiteten, das Leben schöner, die Arbeit leichter war und dass man das Geld da leichter verdiente als in unserem Land. Wer würde so einen Ort nicht beneiden, so ein Land, einen Ort der Verheißung! Die Arbeit bei uns war spärlich und in der Landwirtschaft, wo wir alle arbeiteten, hatten wir mit der Natur und dem Wetter zu kämpfen. Warum sollten wir also nicht auswandern? Deutschland lag näher, nicht so weit entfernt wie Australien. Meine Eltern waren unwillig, sie wollten nichts davon hören. Als meine Oma es hörte, sagte sie nur: „Geh, Kind, geh, so wie eure Onkel und Tanten, die nie wieder zurückgekommen sind."

„Ach, liebe Oma, guck, wo Deutschland liegt", sagte ich, als wäre es ein benachbarter Ort.

Vergeblich versuchte meine Mutter, meine Meinung zu ändern. „Bleib, mein Kind. Auch wenn wir arm sind, bleibe in unserem Ort."

Ich war unnachgiebig. Mein Bruder, der mit mir zusammen fortgehen wollte, war sich nicht so sicher, ob er auswandern wollte. Ich, die immer ängstlich und empfindsam war, war an diesen Tagen hart geworden.

„Ich gehe fort und ihr werdet sehen, wann ich wieder zurückkomme." Ich sagte es nicht als Drohung. Es war eine harte Entscheidung, die in der Tat nur meiner Seele schaden würde, weil ich sehr schnell gemerkt hatte, dass man, um in der Fremde zu leben, einen starken Willen und stählerne Nerven haben musste.

Die hatte ich, aber ein steinernes Herz fehlte mir. Und ich sah auch, unsere Flucht würde alle meine Lieben verletzen.

Wenn ich es jedoch nicht gewagt hätte, irgendwann mal wegzugehen, würde ich meinen Lieben, nicht, wie ich es wünschte, helfen können. Besonders meinen Eltern, die mir das Leben geschenkt hatten.

Ich kannte Deutschland nicht, nur aus dem Erdkundeunterricht. Es schien aber, dass meine Argumente überzeugend waren, sodass endlich meine Eltern ihr Einverständnis gaben.

„Geh Kind, wenn du es dir so sehr wünschst. Gott schütze eure Schritte und wir hoffen, dass ihr schnell wieder zu uns zurückkehrt."

Es folgten Anträge beim Arbeitsamt, Pässe, die schriftliche Einwilligung meiner Eltern für mich, weil ich noch nicht volljährig war. Ärztliche Untersuchungen, fortgehen.

Blitzschnell sprang ich in den Hof und teilte meiner Mutter die Nachricht mit: „Am Montag werden wir fortgehen."

Meine Mutter gab sich überrascht. „So schnell?", sagte sie und konnte eine Träne nicht verbergen.

„Endlich!", sagte unsere kleine Schwester, die gerade die erste Klasse beendet hatte. „So werde ich meine Ruhe haben." So hätte sie niemanden, der sie zum Lesen zwingen würde.

Es war Donnerstag und am darauffolgenden Montag mussten wir, mein Bruder und ich, in die Stadt fahren, dorthin, wo wir unsere Pässe bekommen würden. Ein kleiner grüner Koffer mit meinen wenigen persönlichen Sachen war der ganze Schatz, den ich mitnehmen würde. Die Großmutter wollte die bitteren Stunden der Trennung, die sie schon mal erlebt hatte, nicht noch mal erleben und fuhr schon am Sonntagabend mit dem Bus zu ihrer Tochter in ein anderes Dorf, nachdem Sie uns ihren Segen gegeben hatte.

Der ersehnte Montag kam. Wir nahmen eilig Abschied von unseren kleineren Geschwistern, die noch im Halbschlaf lagen. Unsere Eltern begleiteten uns bis zur Straße. Ich drehte mich um und warf einen Blick auf unser halb fertiges Haus mit der großen Veranda, die in meinen Gedanken schon mit bunten Töpfen mit Basilikumkräutern und einem schattigen Weinstock voll war.

Das Haus konnte bislang nicht fertiggebaut werden, ich sollte mich nur in meinem Urlaub über unser Haus freuen … Das Haus, dort, wo ich meine Kindheit verbracht hatte und woran ich so viele Erinnerungen hatte! Wann würde ich es wiedersehen? Der Wagen, der uns in die Stadt fahren würde, hielt direkt vor uns an. Ich spürte, wie mein Herz sich einengte.

„Leb wohl, Mama", sagte ich, während ich versuchte, meine Tränen zurückzuhalten. „Leb wohl, Papa!" Da waren noch zwei Nachbarskinder, die früh aufgestanden waren, um sich von uns zu verabschieden.

„Lebt wohl!"

„Gute Reise, Kinder."

Unser Vater, mit rotem Gesicht und roten Augen, und unsere Mutter, schluchzend, winkten uns zu. Der kleine Wagen verschwand schnell hinter der Straßenkurve. Der Sonnenaufgang erreichte uns während der Fahrt. Wir erreichten die Stadt morgens, als die Menschen aufwachten, um ihrer Arbeit nachzugehen. Unser Fahrer ließ uns aussteigen in der Nähe des Ortes, wo der Ausschuss mit den Verträgen und den Pässen auf uns wartete.

„Gute Reise", wünschte auch er uns und wir mischten uns mit den Koffern in der Hand unter die Leute. Sie gaben jedem von uns einzeln den Pass. Ach, dieser Pass, der ersehnte Pass. Wie viel Kummer ist mit ihm verbunden …

Etwas später versammelte sich diese ganze Menschenschar im Bahnhof. Menschen gehen, Menschen kommen …

Ich würde zum ersten Mal mit dem Zug fahren. Aber als wir dort ankamen und ich die Menschenmasse sah, mit Koffern und sonstigem Gepäck, mit Tüchern in der Hand und mit Tränen in den Augen, schwand meine Freude. Mütter, die ihre Kinder hinausbegleiteten, Frauen ihre Männer, und Kinder ihre Eltern … Wir waren allein, Fremde unter Fremden, Unbekannte unter Unbekannten. Das Leben hatte uns des Luxus beraubt, einen richtigen Abschied am Bahnhof zu erleben.

Keiner war da, uns zu verabschieden und uns zuzuwinken. Auch dort, wohin wir wollten, wartete niemand auf uns, wie es sonst bei vielen anderen üblich ist. Eine Reise ins Unbekannte in Begleitung nur von wenigen Träumen und einer Hoffnung. Wo würden wir ankommen, was würde auf uns zukommen? Wir hatten keine Ahnung …

Etwas später kam der Zug mit einem lauten Pfiff im Bahnhof an. Erneut stürmten Menschenmassen auf den Bahnsteig. Wohin gingen all diese Leute? Die einen kamen, die anderen gingen, manche hatten nähere Ziele, wir aber mit den anderen aus unserer Gruppe gingen fort in die Ferne, in das Unbekannte, jenseits der Grenzen … Wie viele von uns würden gesund wieder in die Heimat zurückkehren?

Das Land, das uns empfing und uns immer noch heute Gastfreundschaft bietet, war nicht schlecht, es hat aber nicht den blauen Himmel unserer Heimat und ihre wunderschönen Küsten.

Konsequenz, Höflichkeit, Zielstrebigkeit waren einige Eigenschaften der Menschen hier, die sicherlich immer besonders wertvoll sind. Auf der anderen Seite waren Teilnahmslosigkeit gegenüber dem Mitmenschen, das Sichabschirmen, die Isolation des Einzelnen Eigenschaften, die uns fremd waren. Und dennoch haben sie viele sich zu eigen gemacht und erschwerten somit ihr Leben hier in der Fremde. Man muss einen starken Willen haben, um die eigenen Ideale nicht zu verlieren, die Gebräuche, ja sogar die eigene Identität. Es ist doch für jeden selbstverständlich, dass das Umfeld, in dem man lebt, Einfluss auf ihn hat.

Viele haben ihre Prinzipien vergessen, auch Verwandte und Freunde, ja sogar die Heimat. Dass jemand allein lebt, fremd unter Fremden, ist hart und schwierig. Aber ohne das Gefühl einer Heimat ist es unerträglich.

Es sind nun fünfundvierzig Jahre vergangen, seit ich meinen Fuß auf deutschem Boden setzte. Und obwohl die Vision der Rückkehr in die geliebte Heimat sich immer mehr entfernt, kann mich nichts dazu bringen, mein liebes Land aus meinen Erinnerungen zu löschen. Ich kann nicht behaupten, dass das Land, in dem ich lebe, und seine Leute sich unfreundlich oder streng mir gegenüber in der Zeit meines Aufenthalts hier verhalten hatten. Ich könnte aber ganze Bände schreiben mit Ereignissen, die das Leben der Ausländer absichtlich negativ prägen. Weil kein, leider, absolut kein fremdes Land das Leid der Fremde stillen und die Sehnsucht löschen kann, egal, wie gastfreundlich es ist.

Ich würde heute niemandem empfehlen, wie ich es auch bis heute getan habe, auszuwandern, vielmehr jenseits der Grenzen … Und ich würde nicht einem Feind wünschen, das Leid der Fremde zu erleben.

Ich musste selber dieses Leid erleben, um den Sinn des unbarmherzigen „Neins“ meines Onkels damals zu verstehen, den ich in einem Brief bat, mich nach Australien zu holen. Mit seinem „Nein“ wollte er mir auf seine Art helfen, den ganzen Kummer des Fremdenseins zu ersparen.

„Nein“, schrieb er. „Bleib in unserem Ort, in der Nähe deiner Eltern.“

Ich hatte ihn nicht verstanden. Und ich bin seinem Rat nicht gefolgt.

Welches Deutschlandbild hat man in ihrem Land und inwieweit stimmt es mit ihrem eigenen überein?

Deutschland! Wenn ich achtundvierzig Jahre zurückdenke, als ich zum ersten Mal hierherkam, glaube ich, ich hatte alles nur durch eine rosa Brille gesehen. Ein unbekanntes Land oder nur so weit bekannt wie aus dem Erdkundeunterricht.

Ein Land mit blonden Menschen, mit blauen Augen und lockigen Haaren, ein reiches Land, wo man das Geld leicht verdient und schnell reich werden kann.

Ein Land, in dem man sitzend Geld verdienen kann, im Gegensatz zu der Arbeit auf dem Land, dort, wo man hart arbeiten muss. So ein schönes Bild hat man von Deutschland und das hatte ich vielleicht auch, bevor ich hierherkam.

Ich weiß nicht mehr, wie ich es mir vorgestellt habe. Solch ein Irrtum!

Natürlich ist es ein schönes Land, obwohl ich mich auch nach so langer Zeit noch nicht an das Klima gewöhnt habe.

Ein reiches Land! Gewiss, nur das wird oft mit harter Arbeit und sogar mit der Gesundheit bezahlt. Von blonden, blauäugigen Menschen kann man auch nicht reden. Und nach Menschlichkeit und Gastfreundlichkeit kann man lange suchen …

Man kann freundlich und menschlich sein, man braucht aber hier sehr lang, bis man als Mensch akzeptiert wird. Dieser Ausländerhass, der in letzter Zeit überall herrscht, macht das Leben in der Fremde unerträglich. Der Wohlstand hat die Menschen so beeinflusst, dass sie ihre Menschlichkeit verloren haben. Die meisten sehen die Mitmenschen nur als Gefahr, die Arbeitsplätze werden weniger und dann geben sie den Ausländern die Schuld.

Sie leben isoliert und können nicht die anderen akzeptieren, die dann doch mit ihren Mitmenschen umgehen können.

Oh ja, natürlich gibt es auch gute Menschen, nette Mitarbeiter und hilfsbereite Kollegen. Menschen, die die anderen so annehmen können, wie sie sind, und nicht wie sie sein sollen.

Menschen, die noch Menschen geblieben sind, die an die wichtigsten Werte des Lebens glauben und nicht nur materialistisch denken. Es ist nicht schwer, denke ich, sich derart zu benehmen. Man kann auch nicht sagen, dass die ausländischen Arbeiter hier nur Ansprüche stellen. Sie wollen auch wie Menschen akzeptiert werden. Und ich glaube, sie sind auch selbst bereit, das zu tun. Dann werden sie nicht enttäuscht in ihren Erwartungen und das vorgestellte Deutschlandbild in ihren Gedanken mit dem heutigen vergleichen und Deutschland gut in Erinnerung behalten.

Ich bin seit achtundvierzig Jahren hier. Ich fühle mich fast wie zu Hause, obwohl die Sehnsucht nach meiner Heimat Griechenland oft unerträglich ist. Ich hatte viel Glück, denn in all den Jahren habe ich mich nie allein gefühlt. Ich habe gute Freunde, darunter auch viele Deutsche, und bin meistens netten Leuten begegnet.

Ich suche meine Freunde unter vielen und Leuten, die mir nicht auf Anhieb sympathisch sind, gehe ich aus dem Weg bzw. halte ich sie auf Distanz

Es gab in all den Jahren auch Schwierigkeiten, am Arbeitsplatz und bei der Wohnungssuche. Da hatte ich besonders schlechte Erfahrungen gesammelt, als ich schon mal als Mensch zweiter Klasse gesehen und grundlos ausgegrenzt wurde. So was ist hart!

Ich habe in meinem Leben gelernt, die Menschen so zu behandeln, wie ich gerne von anderen Leuten behandelt werden möchte. Für mich sind alle Menschen gleich, ob Deutsche oder Ausländer, ob weiß oder schwarz. Denn alle Menschen haben das Recht zu leben. Und für uns Ausländer, die wir sehr weit von unserer Familie und unserer Heimat leben, ist es schwer genug, es muss uns nicht noch schwieriger gemacht werden.

Man hört so oft in letzter Zeit von Migration, und dies obwohl die Ausländerfeindlichkeit leider stark zugenommen hat.

Ich frage mich, ob das eigentlich einen Sinn hat, sich zu integrieren und sogar die Staatsangehörigkeit anzunehmen. Denn wenn der Ausländer vorher nicht als Mensch akzeptiert wird, wird er später auch als Neu-Deutscher nicht akzeptiert. Sie werden immer die Fremden bleiben.

Es ist nicht einfach, die eigene Identität abzulegen. Sie behalten sicher auch ihre Kultur, Sitten und Gebräuche. Und wenn dies alles von Deutschen nicht gerne gesehen wird, werden sie immer als Fremde behandelt.

Vielleicht sollten wir uns alle darüber Gedanken machen.

Ein kleines Abenteuer (eine wahre Geschichte)

Es war ein Julitag, Ende Juli, ein Freitag.

Langsam lud ich meine Sachen in mein kleines Auto. Warum sollte ich mich beeilen? Ich hatte ja schließlich Urlaub. Schließlich konnte ich fahren. Mein blaues Auto, mein kleiner Lancia, glich einem kleinen Lkw. So voll war er beladen, ich konnte im Innenspiegel sehen, eine kleine Öffnung war doch noch da. Ich fuhr los.

Die Sonne schien in den Morgenstunden. Klare Sicht, nur ab und zu kleine weiße Wölkchen am Himmel, die „Fangen" spielten. Nichts konnte meine Urlaubsstimmung verderben. Die Kassette im Autoradio spielte einen schönen Rhythmus. Ich klopfte mit meinen Fingern auf das Lenkrad, als ich im Außenspiegel etwas Merkwürdiges sah.

Oh, nicht doch! Ich war etwa 200 Kilometer gefahren, als es passierte. Die hintere Seitenscheibe, die normalerweise elektrisch funktioniert, war offen. Ich hielt am nächsten Parkplatz am Rande der Autobahn an. Alle meine Versuche, sie zu schließen, waren vergebens.

Was tun? Ich fuhr entschlossen weiter, an der nächsten Tankstelle anzuhalten. Das tat ich auch. Glück im Unglück! Als ich telefonieren wollte, sah ich einen ADAC-Wagen dort stehen. Der Mann half einem anderen Fahrer. Schön, dachte ich, vielleicht kann er mir ja auch helfen?

Ich wartete geduldig, bis die Panne des anderen behoben war. Dann sprach ich ihn an.

„Mal sehen", sagte er und ging mit mir zum Auto. Nach wenigen Minuten konnte ich weiterfahren. Alles ok!

Mein voll beladenes Auto mit meinen ganzen Klamotten, vorne auf dem Nebensitz, meine Videokamera, mein

Rucksack, meine Tasche, hinten alles mögliche. Klappstühle, Koffer, Luftmatratze und eine ganze Menge Krimskrams.

Ich fuhr glatt 150 km/h. Ein tolles Gefühl. Endlich Urlaub. Am späten Nachmittag kam ich in München an. Von dort aus sollten meine Schwester und ihre Familie mitfahren. Sie hatten schon Reisefieber. Die letzten Reisevorbereitungen – Kaffee, belegte Brötchen, Wasser – alles war parat.

„Willst du etwas schlafen?“, fragte mich meine Schwester.

„Schlafen? Nein, danke, nur einen starken Kaffee.“

Wir wollten um acht Uhr abends fahren. Nach Griechenland über Italien, von Bari mit dem Schiff.

„Von Bari? Passt nur gut auf“, warnte mich meine Ärztin vor einer Woche. „Es wird viel geklaut.“

„Ach was, was sollen sie mir klauen? Sie werden sehen, dass ich nichts habe.“

„Meine Kamera nehmt ihr mit in die Kabine“, sagte ich meiner Schwester. Ich hatte einen anderen Platz gebucht. „Den Rucksack werde ich mitnehmen.“

Alles war geregelt. Wir fuhren abends los. Es war noch hell. Was für eine klare Aussicht auf die Alpen! Hoch auf der Zugspitze spiegelte sich noch der Schnee in den letzten Sonnenstrahlen. Die Wolken fingen an, rosa-rot zu werden, welch ein Panorama!

Wir fuhren durch die herrliche Landschaft Österreichs durch Tunnel und Gebirge. Der Weg war frei, kein Stau. Langsam wurde es dunkel. Wir fuhren die ganze Nacht, obwohl wir genug Zeit hatten, denn wir sollten erst am nächsten Abend auf dem Schiff sein.

Mein Schwager fuhr zu schnell.

„Warum fährst du denn so schnell. Willst du, dass wir schnell in Bari sind, um uns beklauen zu lassen?“, fragte ich, als hätte ich eine Vorahnung.

Wir machten oft Rast. Ruhten uns aus, machten Gymnastikübungen, um zu entspannen. Am nächsten Tag, Samstag nachmittags um fünf Uhr, kamen wir in Bari an. Mein Schwager fuhr in eine kleine Straße und bremste, um einen Motorradfahrer nach dem Weg zu fragen.

Mein Herz schlug schnell, ich hatte die Fensterscheibe zugemacht. Ich hatte ja gehört, sie klauen zu zweit, der eine fährt Motorrad, der andere nimmt den Beutel und sie fahren davon. Der Motorradfahrer erklärte ihm den Weg und wir fuhren weiter. Gleich danach befanden wir uns direkt im Zentrum oder auf der Hauptstraße. Viele Autos fuhren zu dieser Zeit. Mitten in der Straße bremste mein Schwager. Unwillkürlich bremste ich mit und dann geschah es.

In einem Bruchteil einer Sekunde ging meine Beifahrertür auf und jemand riss mir meine Kamera weg. Ein Albtraum!

„Nein!“, schrie ich und reagierte sofort. Ich ließ das Auto stehen. „Meine Kamera!“, rief ich und lief dem Dieb hinterher. Auf meine Reaktion reagierte auch einer der Passanten, er rannte ihm hinterher. Ich sah, wie der Dieb etwa 20 Meter vor mir versuchte, auf ein Motorrad zu steigen, und dabei fiel ihm die Tasche runter. Die Kamera geht kaputt, dachte ich. Ich rief: „Stoppen Sie ihn, halten Sie ihn, meine Kamera!“

Ein silbergrauer Mercedes blockierte ihm den Weg. Blitzschnell kehrte ich zurück zu meinem Auto.

Da stand mein Schwager und schimpfte noch, weil ich mein Auto aufgelassen hatte.

Ich hatte keine Zeit. Hastig riss ich meine Handtasche raus, gab sie meiner Schwester, schloss mein Auto und rannte wieder zurück. Ich sah den Dieb nicht mehr. Ein anderer Motorradfahrer kam mir mit meiner Kamera entgegen.

„Du Vagabund!“, schrie ich ihn noch an.

„No, non sono io Signora, ma qui non sei sigura.“

Das wusste ich ja schon. Er sagte mir, dass ich mein Auto abschließen sollte. Oh ja, das würde ich sicherlich machen.

„Grazie, mille grazie“, sagte ich zu ihm, nahm meine Kamera und ging zu meinem Auto.

Kurz danach näherte sich auch der silbergraue Mercedes. Ein Herr, wahrscheinlich ein Polizist, gab mir noch zwei Kassetten, die sicherlich bei dem Fall der Tasche rausgefallen waren!

„Grazie, molte grazie“, sagte ich noch mal und ging zum Auto. „Fahrt los, nur schnell aus dieser Stadt raus“, fluchte ich und wir fuhren in Richtung Hafen. Im Auto war es bestimmt über 40 Grad heiß. Die Sonne blendete noch, welche Aufregung. Hoffentlich ist es nicht nur die Tasche, dachte ich bis zum Hafen. Nach wenigen Minuten kamen wir an. Als ich einen Parkplatz fand, stieg ich schnell aus und aus lauter Angst schloss ich sofort das Auto ab. Danach riss ich endlich die Tasche auf. Meine Vermutung bestätigte sich. Alles war da, Fotoapparat, Kassetten aber die Kamera war in zwei Teile gebrochen.

Ich fasste Mut und versuchte zu filmen, das Objektiv und die Kamera aneinanderhaltend.

Sie funktionierte. Halb so schlimm, dachte ich, die werde ich kleben, Hauptsache, sie ist wieder da … Gott sei Dank!

Die Einschiffung verzögerte sich. Wir hatten zwei Stunden Verspätung und ich befand mich am Rande eines Nervenzusammenbruchs. Endlich war es so weit, wir liefen aus. Erschöpft ließ ich mich auf einen Platz fallen.

War das ein Tag heute! Das sah man in Filmen, aber dass mir so was passieren sollte, hatte ich mir nicht vorstellen können.

Als es hell wurde, näherten wir uns Griechenland. Bald fuhren wir an Korfu vorbei. Unser Ziel war Igoumenitsa, es dauerte ja nicht mehr lange. Als wir im Hafen der geliebten Heimat ankamen, stieß ich einen Seufzer aus.

Endlich … zu Hause. Hier kann man ohne Angst fahren. Ich fand meine Urlaubslaune wieder. Nur den abenteuerlichen Zwischenfall, diesen Albtraum in Bari, den werde ich bestimmt mein Leben lang nicht vergessen.

Meine Reise nach Kappadokien

Der Winter war dieses Jahr sehr eisig. Schnee lag überall, besonders auf den Bürgersteigen unserer kleinen Stadt. Die Temperatur spielte verrückt, mal mild, mal Minusgrade, zwei bis fünf Grad plus, höchstens. Trotz alledem, unsere gewonnene achttägige Reise nach Kappadokien war schon längst gebucht und stand kurz bevor. Am 17.01.2017 sollte es so weit sein

Die Flugtickets waren schon angekommen, unsere Koffer waren gepackt und das Reisefieber und die Aufregung hatten uns ein paar schlaflose Nächte bereitet. Sieben Tage an der Türkischen Riviera, Flug, Übernachtung und Frühstück, Rundreise auch dabei, was wollten wir mehr?

Wir, meine Schwester und ich, hatten die schöne Gegend Kappadokiens schon einmal gesehen. Wir wussten, was wir erleben würden. Trotzdem war die Erwartung groß. Außerdem kann man die schöne Gegend, dieses Naturwunder, in vier Tagen nicht genug erkunden. Unsere Freunde, ein Ehepaar, das mit uns reisen wollte, waren auch außer sich vor Freude. Für sie war die Reise ein Geschenk für ihren fünfundvierzigsten Hochzeitstag, den sie kurz davor gefeiert hatten. Also zwei turtelnde Tauben, die ihre Liebe auffrischen wollten

Am Dienstag, den 17.01.2017, war es so weit. Rechtzeitig kamen wir alle gemeinsam am Flughafen an, checkten ein und mit unserem Gepäck begaben wir uns an die Flughafenkontrolle und danach in die Halle siebenunddreißig.

Die Zeit verflog schnell. Um 14:10 Uhr sollte die Maschine fliegen. Am Ausgang noch die letzte Kontrolle und „Tschüss Deutschland"!

Wir saßen alle in der gleichen Reihe. „Endlich Urlaub“, seufzen wir fröhlich. Ich bekreuzigte mich bei dem Abflug und schloss meine Augen. Meine Schwester saß neben mir am Fenster. Kurz danach sagte sie: „Herrlich! Guck mal.“ Weiße dicke Wolken bewegten sich weit unter uns und die Sonne spiegelte sie so, dass wir ab und an die Augen schließen mussten.

Wirklich unvergessliche Momente!

Fast vier Stunden dauerte der Flug. Es dämmerte, als wir sanft in Antalya landeten. Alle klatschten begeistert dem Piloten für sein Können Beifall. Bald danach stiegen wir aus und gingen den langen Korridor entlang zum Ausgang, Treppen runter und zur Passportkontrolle. Dann zum Band 18, um das Gebäck zu holen. Kurz danach traute ich meinen Augen nicht, mein Koffer war schwer beschädigt. Die Räder fehlten und die Befestigung war lose. Die Schrauben hielten nur mühsam alles zusammen.

Nach meiner Überraschung nahm ich meinen Koffer und sagte kurz zu meiner Schwester, dass ich den Schaden melden ginge.

Die Türkei war für mich ein fremdes Land, ich sprach weder Türkisch noch Englisch, und auf Deutsch verstanden sie auch nur „Bahnhof“. Na ja, mit Händen und Füßen zeigte ich meinen kaputten Koffer.

„Hier, füllen Sie aus und unterschreiben“, sagte mir die Angestellte. Ich tat das und dann gab ich es ihr zurück. Sie machte eine Kopie, gab sie mir wieder und sagte, dass ich von Deutschland die Fluggesellschaft anrufen sollte. Sie nahmen nur das Protokoll entgegen.

„Schön! ...“ Ich schleppte meinen Koffer wieder und ging zur Halle, um meine Gruppe zu treffen. Was für ein Schreck, niemand war da.

Ich dachte, sie wären alle zusammen, denn meine Schwester verstand weder Türkisch noch Deutsch und die Handys funktionieren auch nicht im fremden Land. Also ging ich zum Ausgang mit der Hoffnung, sie dort draußen, wo wir normalerweise erwartet wurden, zu finden.

„Hallo … Frau Paradissa, da sind Sie ja, wo sind die anderen?“, sagte mir der Reiseleiter, den ich zufälligerweise von einer anderen Reise in Antalya schon kannte.

„Hallo, Erkan.“ Wir fielen uns in die Arme wie alte Bekannte. „Ja, wo sind sie denn? Sind sie nicht gekommen?“

Und ich erzählte ihm meine Unannehmlichkeit mit dem Koffer. Ich musste nur meine Schwester und die anderen suchen! Da ich ja alles mit der Reise organisiert hatte, wussten sie nicht, wer uns abholen sollte.

Wir wären ja zusammengeblieben, wenn das mit meinem Koffer nicht passiert wäre. Das Komische war, dass die anderen auch Probleme hatten. Der Mann meiner Freundin hatte im Flugzeug seine Brieftasche mit dem ganzen Geld verloren. Also ließen sie meine Schwester auf das Gepäck aufpassen und gingen zurück zum Flugzeug. Was für eine Reise! Das erfuhr ich erst, als ich sie über Lautsprecher an die Information rufen ließ. Nach einigen Minuten kamen sie erschöpft an, nachdem natürlich die Brieftasche gefunden worden war. Also Ende gut, alles gut.

Gemeinsam gingen wir alle nach draußen, wo der Leiter und der Fahrer, der uns eine Woche lang fahren sollte, auf uns gewartet hatten. Unsere Reise konnte beginnen. Wir entschuldigen uns bei den anderen Fahrgästen für die Verspätung und fuhren Richtung Antalya.

„Hallo, liebe Gäste“, begann Erkan, „im Namen unserer Firmen Kompass und Meier heiße ich Sie herzlich willkommen in unserem Land.“ Er war blond, groß, hatte blaue

Augen. „Der einzige blonde Türke“, meinte er lachend. Er war sehr nett und gesprächig. Circa eine halbe Stunde später kamen wir in unserem ersten Urlaubshotel an. Eine schöne Anlage, etwa fünfhundert Meter vom Meer entfernt. Wir bekamen unsere Zimmer und die Information, dass wir unten im Restaurant etwas zu essen bekommen könnten, weil wir so spät ankamen.

Unser Zimmer war geräumig, mit zwei Betten, Bad, Fernsehen und Balkon. Aber wir blieben nur für eine Nacht da, denn am nächsten Morgen sollten wir zu dem Hauptpunkt unserer Reise nach Kappadokien fahren. Schnell machten wir uns frisch und gingen runter, um alles zu erkunden. Geschäfte, Friseurladen, Dampfbad und Wellness.

Dann begaben wir uns ins Restaurant, wo schon andere Gäste saßen. Es gab um diese späte Stunde nicht viele Sorten an Gerichten, aber es war wenigstens etwas.

Am nächsten Morgen kamen wir zum Frühstück. Der Saal war voll. Die Kinder hatten Ferien um die Zeit und viele Familien waren dort, um sich auszuruhen. Das Buffet war voll mit vielen Köstlichkeiten. Käse, Wurst, Eier, Salate, Obst. Man konnte essen, so viel man wollte.

Um acht Uhr ging es wieder los. Die Koffer wurden wieder eingeladen und wir fuhren Richtung Kappadokien. Dort oben in den Bergen gab es Schnee und wir wollten nicht so spät unterwegs sein. Es war kalt, je höher, desto kälter. Und auf dem Taurusgebirge am Pass war es glatt. Über einen Meter Schnee rechts und links der Straße. Viele Autos saßen fest und warteten auf den Straßendienst, der Salz streuen sollte. Wir hatten zwar Angst, aber trotzdem amüsierten wir uns, denn die Reise war wirklich ein Abenteuer.

Kurz danach konnten wir ohne Schwierigkeiten weiterfahren. Unsere erste Pause machten wir hoch an den Bergen. Es war viel los. Manche fingen mit den Einkäufen an, andere probierten die Süßigkeiten. Wir bevorzugten, schöne Bilder zu machen. Die weißen Berge und der trotz des Schnees blaue Himmel waren wirklich etwas Wunderbares.

Die Reise ging weiter und nach etwa drei Stunden Fahrt landeten wir in unserem Restaurant, wo wir schon für das Mittagessen erwartet wurden

Freundlich wurden wir empfangen und sehr schnell bedient, weil die nächste Gruppe gleich nach unserer Ankunft angekommen war. Wieder eine Schar Leute, sogar Chinesen, stiegen aus dem anderen Reisebus. Zwar hatten sie Probleme mit dem Tourismus, erzählten sie uns, aber es waren doch viele Leute unterwegs.

Unser nächster Halt war in Konya. Ikonion wurde es früher genannt. Eine sehr schöne Stadt, wo früher die Griechen lebten und viele Häuser noch wie damals sind. Als Griechin ging mir ein stechender Schmerz durchs Herz nach den verlorenen Städten und Dörfern und der ganzen Kultur. Hier besuchten wir ein Museum, ein früheres Kloster des berühmten Mevlana, der heute von den Einheimischen fast als Heiliger verehrt wird.

Nach einer Stunde Aufenthalt ging die Reise weiter. Um 14:30 Uhr kamen wir an. Navsehir, Avanos hieß die Stadt und Stone Concept Hotel unser Hotel, das wir vier Tage bewohnen sollten. Fast inmitten der schönen Naturwunder, den Höhlen Kappadokiens.

Schnee lag auch hier und es herrschte eisige Kälte. Im Hotel aber war es ziemlich warm, angenehm. Auch das war ein schönes Hotel am Rand der Stadt. Wir waren so erschöpft von den ganzen Strapazen der Fahrt und deshalb verschoben wir die Erkundung des Hotels auf den nächsten Tag.

Am Morgen schauten wir aus dem Fenster. Alles weiß. Und das Schwimmbad war eingefroren. Eine dicke Schicht Eis lag oben auch auf dem Kinderschwimmbad. Eine schwache Sonne ging auf am himmlischen Firmament. Und ein Hauch von kaltem Wind zwang uns, das Fenster zuzumachen. Der Magen knurrte und so gingen wir nach unten, um zu frühstücken. Das Buffet war hier aber sehr armselig im Vergleich zu dem vorigen Hotel. Verhungern mussten wir natürlich nicht. Und um neun Uhr ging es los, die Gegend Kappadokiens zu erkunden.

Als Erstes fuhren wir Richtung Göreme, in das Dorf, das Tal der vielen Kirchen. Rechts und links sind die Naturfiguren der wunderschönen Höhlen verstreut, die früher den Menschen als Häuser dienten. Man kann diese Schönheit so einfach nicht beschreiben, man muss sie gesehen haben oder besser gesagt Schritt für Schritt erkunden. Sonderbare Hütten mit kleinen Fenstern und Türen, Felsen mit Hütchen, die verschiedenen Tieren ähnelten, Kamelen, Türmen, Burgen, großen Pilzen, man musste die eigene Fantasie spielen lassen.

Wenn man an die heutigen großen Häuser, den Luxus, die Unzufriedenheit der Menschen und die Habgier denkt, reicht es mal, nur eine Reise nach Kappadokien zu machen. Dann wird man sehen, was man braucht, um zufrieden zu sein. Heute sind diese Höhlen unzugänglich und nur als Naturmuseum anzusehen.

Die wunderbaren Unterstädte, die bis zu vier Keller tief waren mit allen Räumlichkeiten fürs Leben, Tiere und Nahrungsmittel, Hygieneräume, Wasserbrunnen, Frischluftrohre und auch Gebetsorte, Kirchen, alle in die Erde gegraben, das ist atemberaubend.

Am zweiten Tag ging die Reise zum Tal der Tauben. Hunderte von Tauben flogen herum und danach kamen sie sehr zahm in unsere Nähe. Wir fütterten sie und konnten sie sogar anfassen. Die Sonne schien und es spiegelten sich die Sandhütten, die kleinen Höhlen und die offenen Löcher, die früher als Fenster und Türen dienten, was eine sonderbare Illustration ergab. Wir filmten und machten viele schöne Bilder. Trotz Sonne war es ziemlich kalt. Trotzdem ließen sich viele Leute die Heißluftballonfahrten über die ganze Gegend nicht nehmen. Das war ein einmaliges Erlebnis.

Bis zu hundert Heißluftballons fliegen tagsüber über dieses Naturwunder. Viele bunte Ballons, die bis zu sechs Leute transportieren können. Danach fuhren wir weiter zu dem Tal der Weinberge. Hier wird heute noch in den Weinbergen gearbeitet und es werden schöne Weine produziert.

Die Tage waren für so viel Schönheit sehr kurz. Am letzten Tag fuhren wir noch mal zum Tal der vielen Kirchen. Hier war damals das frühe Christentum sehr gegenwärtig. Viele bekannte Heilige kamen aus Kappadokien: Vassilios, Gregorios, der Theologe, Gregorios Nyssis, Symeon, bis auch aus dem letzten Jahrhundert die neuen Heiligen Arsenios und Paisios, die von Farassa kommen. Viele Kirchen, die mit Malereien geschmückt waren, sind heute zerstört. Nicht nur wegen des Wetters, wie man uns erzählt hatte, sondern auch wegen der zerstörerischen Kriege der letzten und vorletzten Jahrhunderte.

Die Kirche des heiligen Vassilios, die der heiligen Barbara, deren Gesicht zerstört und ohne Auge ist. Die heilige Ekaterina, die dunkle Kirche mit den Erzengeln Michael und Gabriel, die Mutter Gottes, der Kreuzigung Jesus Christus, man kann wirklich nicht alles behalten bei so einem kurzen Besuch.

Als Letztes besuchten wir eine vierstöckige Höhle, die heute noch bewohnt ist, sie dient als Kaffeelokal. Der Eigentümer, ein sehr netter fröhlicher Mann, schenkte uns Tee ein und empfahl uns, sein Haus zu besuchen. Bis zu der dritten Etage schaffte ich es, die letzte war mir zu steil.

Er erzählte uns, dass im Sommer viele Studenten kamen und in seinem Haus kostenlos übernachteten. Die Wände waren alle mit bunten Teppichen geschmückt und ringsherum lagen viele bunte Kissen. Und sehr steile Eisentreppen verbanden die Etagen. Er hatte eine kleine Küche, sogar einen Ofen, und es war sehr gemütlich.

Wir fuhren mit so vielen schönen Erinnerungen ab, mit der Hoffnung, dass wir noch mal hierherkommen würden. Göreme, Navsehir, Nigde, Kessaria, Avanos – das waren einige von den Städten, die wir besucht hatten. Auf der Rückfahrt besuchten wir noch eine Töpferei, dort sahen wir, wie verschiedene Schalen und Teller – wirkliche Kunst – entstand.

Die Rückkehr nach Antalya erfolgte bei Sonnenschein. Obwohl sich auf dem Taurus-Gebirge der Schnee spiegelte, war es wirklich ein schönes Erlebnis.

Die Reise hielt noch ein paar Tage im Raum Antalya. Aber die Reise nach Kappadokien war das absolute Ziel und es ist sehr empfehlenswert.

Eine verrückte Bimmelbahn

Es war einmal ein sonderbarer kleiner Zug, eine Bimmelbahn, gelb und mit grünen Streifen verziert, die tagsüber Kinder und Erwachsene in einem kleinen Dorf im Norden spazieren fuhr.

Täglich legte sie die gleiche Strecke zurück, der Lokführer erzählte die Geschichte des Ortes, zeigte die Sehenswürdigkeiten und alle waren zufrieden. Nur die kleine Bimmelbahn selbst nicht. Obwohl sie jeden Tag neue Leute kennenlernte, träumte sie von einer anderen Welt, einem anderen Ort, so schwebte es in ihrer Fantasie, wäre es schöner als hier.

Aber um diesen Traum zu verwirklichen, musste ihr Lokführer die gleichen Träume und Wünsche mit ihr teilen.

Ach, wie sollte sie es schaffen, eines Tages von hier fortzugehen! Weit weg, in eine andere, größere Stadt, die voller Menschen und Geräusche war. Nicht dass es hier nicht schön wäre. Der Ort befand sich am Meer. Und was für ein Meer!!! Hier konnte man alle sechs Stunden Ebbe und Flut erleben, konnte auf dem Watt laufen, wenn das Wasser sich zurückzog. Wer für kurze Zeit hierher kam, dem konnte es passieren, dass er das Meer gar nicht sehen konnte. So weit war es weg. Und der Wind wehte so kräftig, dass man hier auch im Sommer Anorak und Kapuze brauchte.

Ach, wenn es ihr doch möglich wäre, von hier fortzugehen und Neues kennenzulernen. Sie stöhnte jeden Tag, weil sie bald, wenn der Sommer zu Ende wäre und die Besucher wegbleiben würden, wieder in diesem kleinen abgelegenen Ort eingesperrt wäre, bis zum nächsten Sommer, wenn die Touristen wiederkommen würden. Sie sah es schon kommen, sie würde in Einsamkeit sterben. Sie fürchtete sich von der

Einsamkeit. Dabei liebte sie nichts mehr als Trubel und viele Menschen um sich.

Hm, dachte sie, dann werde ich eben alleine fortgehen, wenn mein Lokführer mir nicht folgen möchte. Sie machte verrückte Pläne, wie es ihr gelingen könnte, den Motor alleine zu starten und einfach davonzufahren. Wohin sie wollte, das wusste sie nicht. Hauptsache, fort von hier.

Aber eines Abends kam wie aus heiterem Himmel die Gelegenheit. Der alte Lokführer nahm, nachdem seine Schicht beendet war, seinen Hut, ließ aber den Schlüssel stecken. Er war sehr müde. denn er hatte an diesem Tag viele Schulklassen hin- und hergefahren.

Die Bimmelbahn war auch den ganzen Tag unterwegs gewesen, aber es machte ihr gar nichts aus. Ganz im Gegenteil, sie war sehr zufrieden. Beinahe hätte sie vor Freude geschrien, als sie bemerkte, dass der Schlüssel noch steckte. Das war die Gelegenheit, auf die sie so lange gewartet hatte. Sie überlegte ganz schnell. Heute, ja heute, sollte sie es tun. Am besten heute Abend! So eine Gelegenheit würde sie bestimmt nicht noch einmal bekommen.

Sie wartete ganz geduldig darauf, dass die Dämmerung kam. Auch sie musste sich etwas ausruhen und dann würde sie sich auf die Reise machen. Sie wollte über die Autobahn und dann Richtung Süden fahren.

Sie wollte tags und nachts fahren, bis sie an einen Ort kämc, der ihr gefallen würde, um sich dort niederzulassen.

Sie dachte lange darüber nach. Vielleicht war es ein Fehler, sich wie ein Dieb in der Nacht davonzuschleichen. Und was würde ihr Lokführer denken, wenn sie ihn so lieblos sitzenlassen würde? Er hatte ihr ja schließlich nichts getan. Beinahe hätte sie ihren Entschluss, fortzugehen, über Bord geworfen. Aber wenn sie jetzt nicht gehen würde, würde sie von der Welt nichts sehen können.

Langsam kehrte Ruhe ein, die Menschen auf den Straßen wurden immer weniger … Es war eine himmlische Ruhe.

Jetzt, sagte sie sich und schüttelte sich so stark, dass der Schlüssel sich bewegte und der Motor ansprang.

„Grrr …!“, brüllte sie und dann kam das „tschaff- tschuff“, „tschaff-tschuff“, und die Maschine rollte langsam an. Erst mal rechts abbiegen, dann links, jetzt geradeaus, und wieder links, die Straßen waren zum Glück fast leer.

Nur ein wenig Verkehr zu dieser Stunde, selbst an der Ampel brauchte sie nicht anzuhalten, denn diese stand auf Grün.

„Tschaff-tschuff-tschaff-tschuff“ … Grrr… Ach, was für ein tolles Gefühl. Sie ging fort, dem Unbekannten entgegen. aber sie war so glücklich!

Für einen kurzen Moment dachte sie an den Morgen danach, dass man sie suchen würde und dass vielleicht ihr Lokführer wegen ihr Ärger bekommen würde. Gewissensbisse traten ein, für ihr Wagnis, einfach fortzugehen. Aber eine innere Stimme beruhigte sie.

Mach dir keine Gedanken. Er hätte besser aufpassen sollen.

„Tschaff-tschuff-tschaff-tschuff“, etwas später rollte sie auf die Autobahn und ordnete sich rechts ein. Ein lautes Hupen ließ sie aufschrecken. Links fuhr ein Lastwagen an ihr vorbei. Der Fahrer schüttelte den Kopf und dachte: Was will dieses sonderbare Ding hier?

Die Bimmelbahn ließ sich nicht einschüchtern und rollte weiter vorwärts. „Tschaff-tschuff …“ fuhr sie Kilometer um Kilometer vorbei an Brücken und Bergen, sah Türme, Seen, kleine Flüsse und große, auf deren Gewässer Schiffe mit Passagieren und Frachtschiffen schipperten. All dies sah sie zum ersten Mal. Bei Tagesanbruch befand sie sich sehr weit weg von ihrem Heimatort. Sie hatte sich jedoch noch nicht entschieden, wo sie hin wollte. Schilder auf ihrem Weg zeigten ihr, an welchen Städten sie vorbeifuhr.

Ach, guck! Ein Schild mit dem Namen der Stadt, an der sie gleich vorbeifahren würde. Auf dem Schild war eine Bahn abgebildet, ihre „Cousine“, die aber nicht auf der Straße fuhr, sondern über der Stadt schwebte. Sie dachte nach, ob sie nicht kurz mal „Hallo“ sagen sollte. Aber dann wiederum dachte sie an die vielen Fragen, die kommen würden, „warum, wieso, wohin?“ und änderte ganz schnell ihre Meinung. Sie fuhr zügig weiter und plötzlich fing es an zu regnen. Das gefiel ihr gar nicht, denn sie rutschte nur so weg.

Der Regen hatte aber etwas Gutes. Der Straßen und Kohlestaub wurden weggespült und ihre leuchtenden Farben glänzten wieder.

Unbeirrt fuhr sie weiter. „Tschaff-tschuff-tschaff- tschuff“ … wohin ging es denn? Irgendwo musste sie anhalten. Sie folgte der Straße, immer Richtung Süden. So glaubte sie wenigstens. Plötzlich erblickte sie den Rhein. Den großen befahrbaren Fluss, der durch viele Städte floss, so, wie sie gehört hatte. Durch diese Städte fuhren Schiffe den Rhein rauf und runter, es gab zoologische und botanische Gärten, Museen und Parkanlagen. In so einer Stadt würde es ihr gefallen, zu leben.

Ah, guck! Von weitem erblickte sie eine große und imposante Kirche mit ihren zwei großen Kirchtürmen, aber auch viele andere kleinere, die in der Stadt verstreut waren. Ein großer Wasserturm, Schornsteine von Fabriken, große und kleine Gebäude und da wieder der Fluss, der so aussah wie das Meer. Schiffe, kleine und große, verliehen ihr das Gefühl, es wäre ein richtiger Hafen. Ja, hier gefiel es ihr, hier sollte sie bleiben.

Während sie sorglos, freudig und glücklich ihre Reise fortsetzte, brach im Norden, an dem Ort, den sie verlassen hatte, das Chaos aus.

Der Lokführer war dem nächsten Tag ihres Weggangs pünktlich an Ort und Stelle, um seine Arbeit aufzunehmen. Doch es verschlug ihm die Sprache … Seine Bimmelbahn war verschwunden. Sie war nicht mehr dort, wo er sie am Abend vorher abgestellt hatte. Sonderbar! Was war geschehen? So etwas war ihm im Leben noch nie passiert.

Dass die Bimmelbahn sich ganz alleine auf den Weg gemacht hatte, das wollte nicht in den Kopf Wo sollte sie auch hingefahren sein? Er suchte hin und her, auch hier und dort. Nichts. Er fragte die Leute, ob sie seine Bimmelbahn gesehen hatten, aber keiner konnte ihm helfen.

Komisch, er wusste nicht, wie er sich das erklären sollte. Ob sie jemand gestohlen hatte?

Nachdem er lange gesucht hatte, aber keine Spur von seiner Bimmelbahn fand, ging er zur Polizei, um das Geschehen zu melden. Sie sollten eine Vermisstenanzeige aufgeben. Die Polizisten fanden die Geschichte doch sehr komisch und fingen an zu lachen, aber als sie sahen, dass der arme Lokführer den Tränen nahe war, wurden sie wieder ernst. Der Mann hatte Arbeit und Vermögen verloren!

Als Erstes riefen sie in den Dörfern in der näheren Umgebung an, ob jemand etwas gesehen hatte. Doch keiner konnte weiterhelfen. Dann nahmen sie eine Vermisstenanzeige auf. Sie schickten sie überall hin, sogar über die sozialen Netzwerke. Außerdem wurde ein Finderlohn festgesetzt, wenn jemand sie sehen und sie bei ihnen melden würde. Es geschahen viele merkwürdige Dinge, aber so einen Diebstahl hatten sie noch nie erlebt!

Als die Bimmelbahn endgültig beschlossen hatte, hierzubleiben, wollte sie nun in die Stadt reinfahren, um sich die große Kirche einmal näher anzusehen.

Aber was war hier nur los?

Sie überlegte, ganz kurz umzukehren, doch es war schon zu spät. Ganz viele Menschen, Kinder und Erwachsene, aber auch Polizisten begrüßten sie mit Hochrufen!

„Sie ist angekommen!“

„Hier ist sie! Bravo.“

Jeder applaudierte auf seine eigene Art. Sie stellten sich vor ihr auf und jubelten ihr zu.

Hey, so einen tollen Empfang hatte sie sich nicht mal in ihren verrücktesten Träumen erträumen können. Aber plötzlich überschattete eine Wolke ihre große Freude. Ein Stationsvorsteher, in dunkelblauer Uniform mit goldenen Knöpfen und Epauletten auf den Schultern, näherte sich ihr zornig.

„Was suchst du hier?“ Er sprach wie mit einem Menschen zu ihr. „Was ist in deinem verrückten Köpflein bloß vorgegangen? Warum bist du hierhergekommen? Als ob wir hier keine Bimmelbahn hätten.“

Die Bimmelbahn war jetzt den Tränen nahe. Sie setzte gerade an, zu antworten, als im selben Moment eine andere Bimmelbahn, gelb mit orangefarbenen Streifen, sich zu ihr gesellte.

Sie staunte. Sie wusste nicht, dass Verwandte von ihr hier lebten, aber nun fasste sie Mut. Die beiden standen sich gegenüber, schauten sich an und es war so, als würden sie ein geheimes Abkommen treffen. Die Bimmelbahn, die in dieser Stadt lebte, hatte nichts dagegen, ihre durchlaufene Strecke zu teilen. Sie konnten sogar die Strecke ausweiten und so den Besuchern viel mehr Sehenswürdigkeiten zeigen. So ein Fortschritt!

Als ob der Stationsvorsteher ihr geheimes Abkommen verstanden hätte, nahm er der Hörer und rief im Norden den Lokführer, ihren Besitzer, an.

Er erzählte ihm, dass seine Bimmelbahn unversehrt in ihrer Stadt angekommen war. Sie sah zwar durch die ganzen Strapazen ziemlich elend aus, war aber stolz und sehr glücklich, dass sie es geschafft hatte. Er erzählte dem Lokführer, er könne ihr nicht verbieten, in der Stadt zu bleiben, und machte ihm den Vorschlag, doch selbst hierher zu ziehen und mit seiner Bimmelbahn hier zu arbeiten.

Das war keine schlechte Idee, fand der Lokführer. Er würde selbst die Gelegenheit bekommen, etwas anderes kennenzulernen, dank seiner verrückten Bimmel-Bahn. Warum eigentlich nicht? Er würde seine Frau mitnehmen und würde fortgehen. Ja, es war ein fremder Ort, aber wer weiß, vielleicht würde es dort besser sein!

Inzwischen wurde beschlossen, bis der Lokführer eintreffen würde, sollte die Bimmelbahn eine kleine Strecke fahren, immer der anderen folgend.

Sie musste sich an die neue Strecke erst einmal gewöhnen. Von der großen Kirche zwischen den Geschäften bis zu dem schönen „süßen“ Ende der Stadt. Dem Schokoladenmuseum!

Hm, schön es zu hören. Wenn ihr Lokführer ankommen würde, würde sie andere Strecken fahren. Das machte ihr nichts aus. Es wäre alles ja so schön, so neu!

Sie war glücklich und dankbar, dass ihre gute Fee ihr die Gelegenheit gegeben hatte, dem Elend zu entrinnen und eine andere Welt kennenzulernen, so, wie sie sich immer erträumt hatte!

An meine Freundin

Du warst mir unzugänglich, unnahbar am Anfang.
Fast fremd.
Das ist wie ein Wunder, dass
du meine Freundin bist.

Weil ich oft von Freunden enttäuscht bin
wünsche ich mir,
dass unsere Freundschaft lange Zeit hält.

Deine Suche nach Liebe, nach Gott
mit deinem manchmal
unverständlichen Zweifel!

Woran zweifelst du denn?
Du wirst von allem geliebt, besonders von Gott!
Findest du nicht?

Und du bist auf dem besten Weg zum Gipfel.
Hab nur Mut.
Meine beste junge Freundin. Schön, dass es dich gibt!

Abschiedsgedicht für Antonia

Nein Mama, bloß nicht heiraten, ich heirate nie …
So fing sie mit Eifer an zu arbeiten bei der Diakonie!

Tagein, tagaus arbeitet sie, hat Menschen immer geholfen
Beim Finanzamt oder beim Arbeitsamt, meist beim Einwohnermeldeamt.

Die Sprache war ein Problem für alle Ausländer.
Es waren nicht nur Einheimische, sondern aus vielen Ländern.
Das Leben ist wie eine Reise, lang, schön, interessant
mit vielen Überraschungen, manchmal auch so hart.

Ruckzuck sind alle Jahre fort,
durch Winter, Frühling, mein Gott, Sommer, so schnell,
und unbemerkt kommt auch jetzt der liebe Herbst!
Das Rentenalter ist erreicht.
Man freut sich, endlich am Ziel zu sein.
Zeit zu ruhen und zu reisen, zu schlaffen, was man will.

Das Scheiden tut aber so weh,
der Abschied ist noch viel schlimmer.
Man verlässt nicht nur den Arbeitsplatz,
sondern Kollegen Freunde und das für immer.

In Liebe, Asimina Paradissa

Kurzbiografie

Ich bin in Griechenland geboren. Ich lebe seit 1966 als Gastarbeiterin in Deutschland. Dies ist mein erstes Buch auf Deutsch, ich schreibe seit meiner Schulzeit Gedichte und Geschichten. Seit 1971 lebe ich in Wuppertal.